三里塚

成田闘争の記憶

◎三留理男

装丁◎勅使川原克典

はじめに

　本書の原書が発行されたのは一九七一年七月であり、その「報告者あとがき」で私は「68年初頭、三里塚を訪れてから足かけ四年になる」と書いている。三里塚に国際空港を建設することが閣議決定されたのが六六年七月、四〇〇〇メートル滑走路一本で暫定開港されたのが七八年五月。つまり今年（二〇〇八年）で、閣議決定から四二年、私が三里塚を訪れるようになってから四〇年、原書が発行されてから三七年、空港開港から三〇年が経過しているのだ。

　昔話をするために、過ぎ去った年月を振り返ったわけではない。報道されることは少なくなっているが、四〇年以上前に始まった空港反対運動は今もなお、続けられている。当初の計画では、横風用を含めて三本の滑走路を備えた「第二東京国際空港」になるはずだったこの空港の滑走路は、未だに「二・五本」しかない。「〇・五本」と数えたのは、二一八〇メートルという暫定滑走路のことである。そして現在の反対運動の焦点は、この暫定滑走路の北延伸（三二〇メートルのばして二五〇〇メートルにする）計画と、誘導路の直線化である。

　暫定滑走路の誘導路は、南寄りのところで「へ」の字型にカーブしている。政府・空港会社としては直線にしたかったのだろうが、三里塚芝山連合空港反対同盟のS氏の畑があるために迂回せざるを得なかったのである。ところが二〇〇六年七月、政府・空港会社は農地法によってS氏の耕作権を奪い、直線にするための土地を取得しようという行政手続きを始めた。

　成田空港は、未完成の空港である。完成の見込みもたっていない。構想から四〇年以上が経過したにもかかわらず、足踏みを続けている最大にして唯一の理由はS氏を含む土地を耕し、所有している農民たちの根強い反対運動があるからである。この構図は、原書が発行された三七年前と変わっていない。

　なぜ、農民たちは反対するのか。この理由も、あの頃と変わって

いないのではないか。例えば昨年七月に反対同盟から発行された「いま、三里塚の農民から青年労働者・学生・働く仲間のみなさんに訴える」という小冊子冒頭にはこう書かれている。

「私たち三里塚の農民は四一年前、突然『この地に空港をつくる』と一方的に通告され、警察力による農地の強制収用にあいました。（略）私たち農民をまるで虫けらのごとく扱った国に対する農民としての意地と誇り――これこそ四一年間の闘いでした」

三里塚の農民たちは、六六年六月に新聞報道によりここが新空港の敷地になることを初めて知ったという。まったくの寝耳に水だった。用地候補として、それまで「富里、霞ヶ浦、木更津沖、羽田拡張」などの名前は取りざたされていたが、三里塚は話題にもあがっていなかった。誰一人、何一つ悪いことなどしていないのに、何の説明も相談もなく、いきなり「自宅から出て行け、農地をさし出せ」と言われたのである。

こうした扱いをされて、たとえ天下国家の大事だからといって、唯々諾々と従えるはずがない。人として扱われていない、と感じたのである。つまり農民たちには自分たちは最初から「虫けら扱い」されているし、今もそれが続いているという思いが、空港反対の根っこのところにあるのだ。

その思いは、今も衰えていないようだ。そして四二年後の今、そうした思いを抱いた人やその後継者たちが、三里塚にはいる。三里塚だけでなく日本をとりまく環境の変化や世の中の移ろいを考えると、これはすごいことである。そして本書は、すごいことを始めた頃の、すごいことを始めた人たちの記録である。

二〇〇八年一月

三留理男

＊本書は、『写真集　三里塚――燃える北総台地』（一九七一年七月刊）をもとに、一部七一年以降の写真も加えて再構成し、オリジナルプリントより製版し直したものである。

＊一五一―二一一ページの本文は原書のものを収録し、原書巻末に収録されていた「闘争日誌」ほかの資料は割愛して、新たに今日までの年表を掲載した。各写真が成田闘争のどの場面かについては年表を参照してほしい。

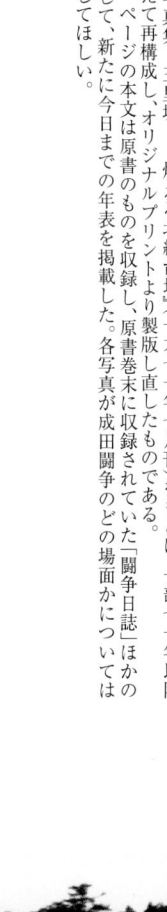

1971年3月3日　怒号と雨のなか父と子は闘う

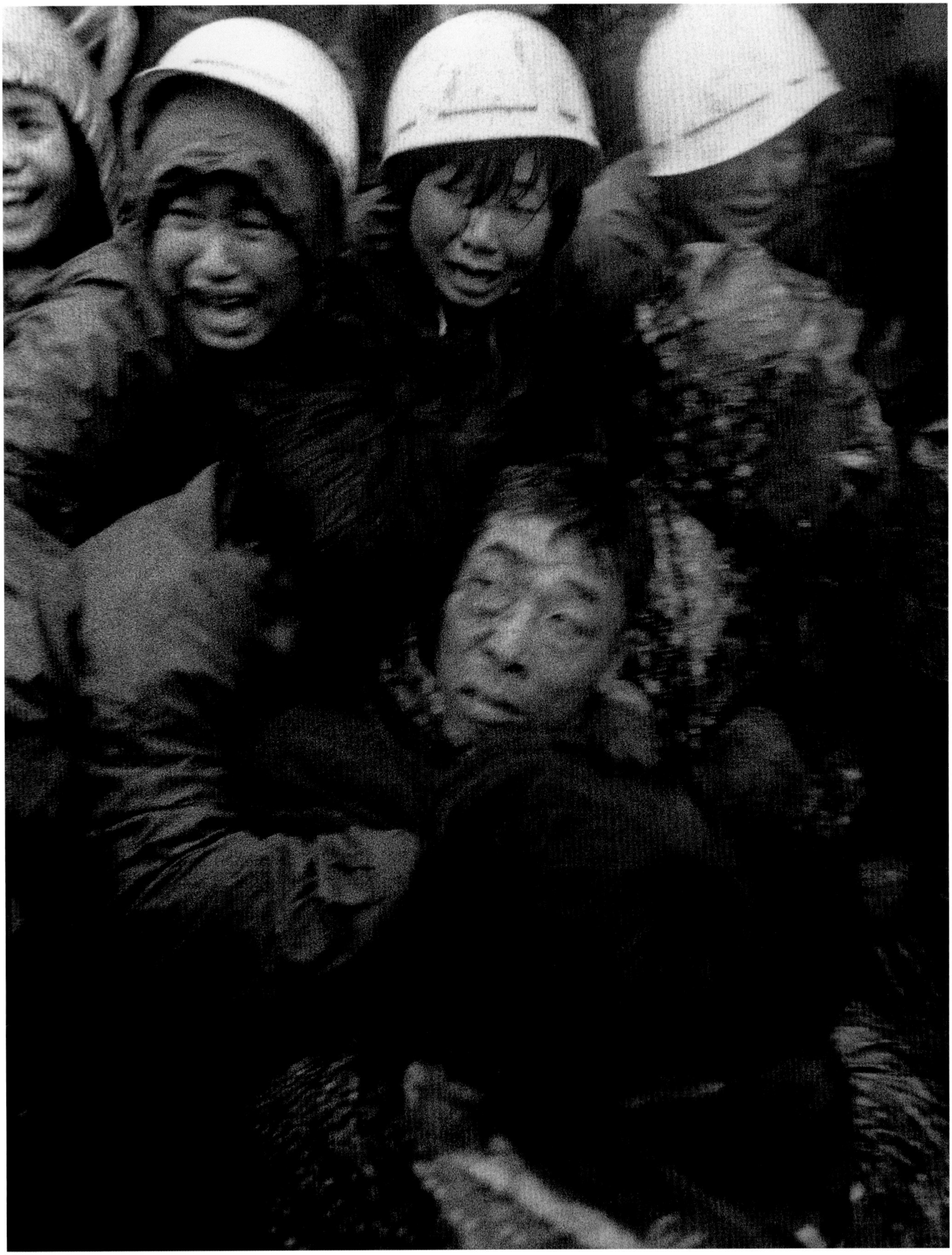

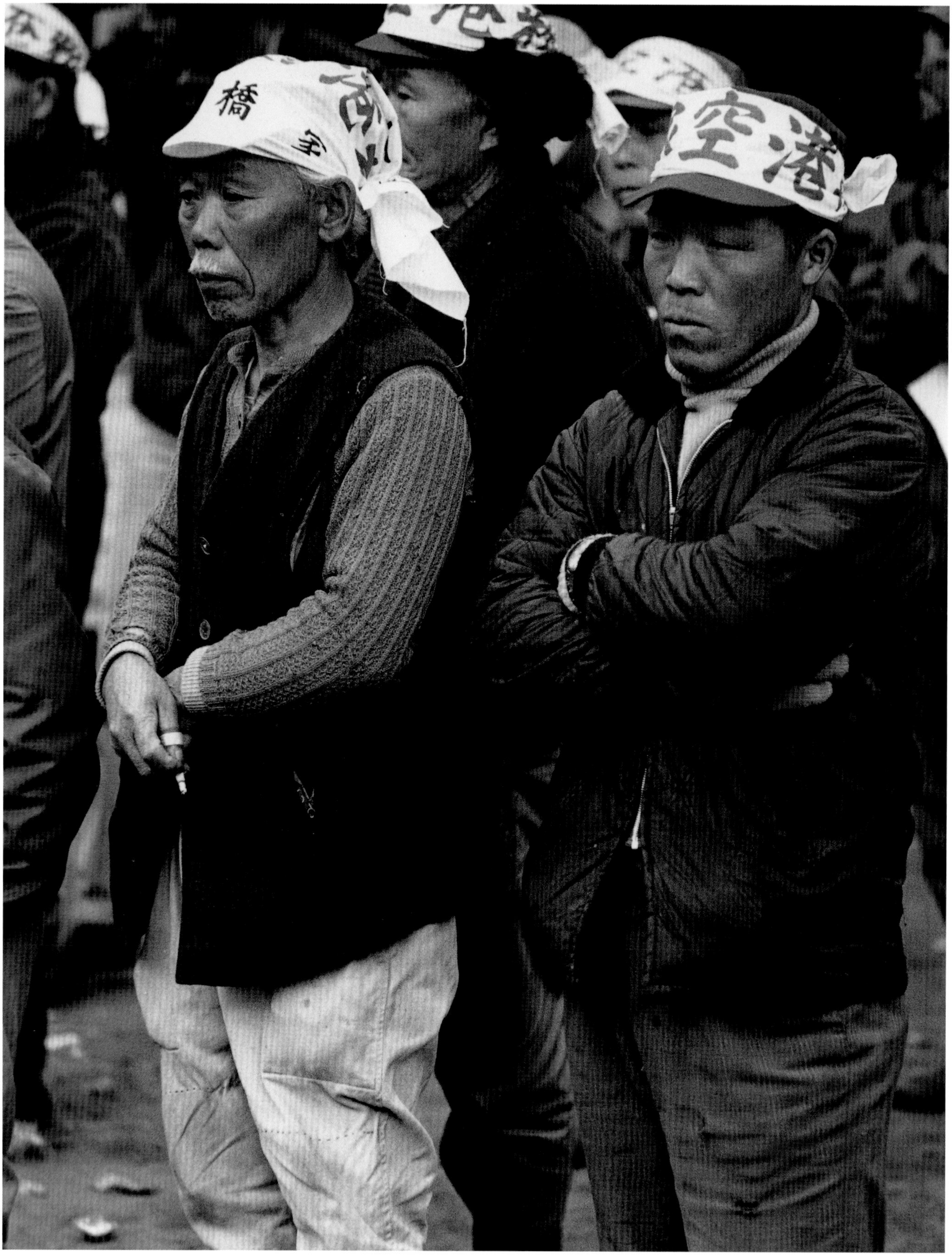
橋
空港

1971年3月24日　収用委審理粉砕。小川明治副委員長の遺影ものり込む

1970年9月30日　第三次強制測量はじまる。反対同盟に少年行動隊も決起

4-33

三里塚闘争とは何か

戸村一作

永い闘争のなかで、私の血をもって私を償いとった、ともいうべき人間変革の日として、忘却できない日がある。一九六八年二月二十六日である。そして反対同盟にとってもこの日は、実力闘争に転回していった記念すべき日である。私が、国家権力の暴虐性を血肉の中に新しく捉えたのはこの日であり、階級的に最後まで闘わなければ、三里塚闘争の決着はあり得ないと決意したのもこの日である。三里塚闘争は日共と訣別し、二・二六を起点として現在に至ったと断言しても間違いではない。二・二六闘争があったから、国家権力の殺人的暴挙である強制代執行に対決して、反対同盟のすべてが勇敢にも身を挺して闘い得たのである。もしも、二・二六と、それに続く三・一〇、三・三一と続く成田の激突を、日共路線に追従して避けて通っていたら、現在の反対同盟は、はたして実在したであろうかとしばしばおもうのである。それだけこの三連続闘争は、私にとってエポック・メーキングだった。私をして、主体的に変革せしめる力は、観念論的な理論闘争ではなく、国家権力とストレートにぶつかることによって血を流す以外になかった。反対同盟全員の心の怒りを、階級意識にまで、高揚し、自己変革の過程を辿らしたのも、二・二六を起点とする支配階級との対決であった。議会政治や法廷闘争には、〈あるがままの農民〉を〈不屈に闘う農民〉に脱皮させる力はない。

闘いはあくまで徹底抗戦である。三里塚闘争はこれからだ。闘争は、いよいよ新しい次元に突入した。なぜなら機動隊との対決から人間内在的な欲望の世界との闘いに入ったからである。今や支配階級は反対同盟の不服従精神を知り、物質と人情によって不屈な農民の心の切り崩しを展開している。ここに三里塚闘争の山場がある。いよいよ闘う者の決意を新しく問われる時がきた。

1966

土は反撃する

◎北総台地にしみ込んだ、農民の血と汗のしたたり。それらすべてが、政府権力の一片の布告によって抹殺されようとしている。

◎政府は六二年十一月、第二国際空港建設の方針を決定。六五年十一月富里案を内定した。

◎が、反対運動が激化すると方針を変更、六六年六月、佐藤首相は友納千葉県知事に三里塚案を提示した。地元農民の反撃はすばやく、六月二十八日空港反対総決起大会を開き、三里塚芝山連合空港反対同盟を結成。

◎戸村一作氏が同盟委員長に選ばれた。

◎「関係農民の血と汗のしみ込む農地を無理やりうばって、農業を破壊し、さらに騒音や公害によって北総一帯の農業地帯を営農困難な状態におとしいれ、広大な周辺住民の生活と学校教育などをおびやかす、許すことのできない人権無視の政策である（略）。

◎政府が新空港設置をあくまで強行するならば、いかなる事態が起きようとも、富里のたたかいと同じように、自ら窮地に追い込められ、墓穴を掘ることになることをここに警告する（略）」。

◎と大会宣言は述べた。この農民の〝闘争宣言〟を単純な〝エゴイズム〟と聞いた者は、まもなく事実によって裁かれることになる。

◎何が事実で、何が真実か——土は冷厳に見抜き、仮借なく友と敵を峻別するだろう。

1967

土はまだ豊穣であった

◎栗林、ショウガ畑、落花生……北総台地は、たわわな実りを農民と〝共有〟していた。それは決して〝恵み〟ではない。日本資本主義の形成期、無産の下層民は、自らの生きる途を、荒涼たる原野に見出さねばならなかった。遠く、明治初期から大地と農民との格闘は始まった。大正期には竹ヤリで武装し、地主と闘いつつ、大地を切り拓かねばならなかった。

◎営々と繰り返されてきた、自然と人との角逐。そこから豊穣を〝共有〟する素地が生誕したのである。しかし、日本帝国主義は、自らの生存と延命のためとあらば、他の〝生命〟を圧殺することに、いささかのためらいも見せない。

◎日帝は米のベトナム政策に積極的に加担、自ら東南アジアへの進出と侵略体制を固めるため、原子力空母エンタープライズの寄港承認、砂川基地拡張、佐藤のベトナム訪問等、着々手を打っていた。三里塚空港もまた、それらの日帝の野心にくみこまれるべき〝拠点〟であった。政府権力は強引に、三里塚の大地にのりこんできた。十月十日、公団・機動隊二千が、外郭線クイウチ強行。十月十六日、同盟員二氏逮捕。同十九日婦人一名、警官に暴行され重傷、と弾圧もきびしくなった。

◎真の闘いが構築されれば、闘わざる者が脱落するのは当然。十二月十五日、日共を三里塚の戦線から追放。代わって、日帝と対決する学生、反戦労働者が登場することになる。

1968

土は血に染まった

◎反対同盟、砂川基地拡張反対同盟、全学連の共催による二・二六集会。羽田闘争、佐世保闘争で新たな闘いの質を獲得した全学連を先頭に、公団分室めざし三千人のデモ。

◎機動隊の突撃により一五五名負傷。学生をかばおうとした戸村一作委員長も、警棒で乱打され血にまみれた。

◎三月十日、全国反戦、反対同盟共催の空港粉砕、ベトナム反戦総決起集会、参加五千。

◎この日も、全学連、反戦を先頭に公団分室を攻撃。分室前は有刺鉄線。放水車などで逆バリケード。

◎午後五時半、突如、機動隊は喚声をあげた。無防備の解散集会にナグリ込みをかけたのだ。重傷三五、負傷者は三百名をこえた。

◎北総台地が鮮血を吸い込んだ日から、土地死守の闘いは荒荒しく飛翔した。日本階級闘争の、一つの焦点として浮き彫りにされ、同時に、連帯とは何か、支援とは何かを、多くの学生、労働者、民衆につきつけた。

◎五月から夏にかけ、ボーリング阻止の〃肉弾戦〃が展開された。闘いは日常化し、戦術は土着化した。人糞を武器にした老年行動隊、野良着でスクラムを組み、機動隊のゲバルトをはね返す婦人行動隊。

◎立ち入り測量個所のあちこちに、自然を活用したバリケードが築かれた。

◎土と農民の新しい〃交流〃がはじまった。

◎土に生き、土で闘え！

1969

土は自由を選択する

◎新空港建設という巨大な事業の足下には、利潤を得んと群がった多くの資本家がいた。利権屋、政治屋、政治ゴロ……。建設業者、鉄道会社、運送業者。権力は、土という唯一の資本であり、設備を棄てさせられた〝元農民〟を、この群のなかに加えると公表し、権力の慈悲を示そうとした。

◎二月。地権者七三名が株主となって成田空港警備株式会社が設立された。

◎野良衣、作業衣を制服に着替えた時、農民は、ガードマンに変身できるのだろうか。ヘルメットをかぶり、盾を手にすれば、農民を弾圧することが可能なのであろうか。その答えの一つは、二年後の強制代執行の時に出されている。

◎一人の〝元農民〟がどのような感性をもとうとも一度権力の意志に逆らった者は権力の意志に逆らうしかない。再び一つの強制があり、彼ら〝元農民〟は農民の敵となる。

◎権力は、無敵であることを誇らしげに示すように、北総の象徴であった御料牧場の移転を始めた。かつて赤子であった老人たちは、それを誰よりも哀しみ、怒った。

◎七月。宮内庁下総御料牧場が栃木県高根沢町へ移転を開始した。近代化という姿なきモンスターは、皇室をその地より追放することに躊躇しなかったのである。こうして何人かが三里塚を後にした。廃屋の目立つ三里塚に、闘うことを知った農民だけが残った。誰に強制されたのでもない。彼らは選んだのである。

1970

土は権力を拒絶した

◎二月。権力は土をわがものにするために、強制立入り測量という攻撃をかけてきた。それは好き勝手に地図に線を引き、そこは権力が何の根拠もないのに取り上げることができるという論理を押し通すために。その前日、天神峰の空港反対同盟石橋政次副委員長宅の上棟式が行われた。土と離れた〃成金〃たちのように華美ではない。戦場の真只中に、破壊を阻止することを示す砦のように建てられた家である。

◎家には、父があり母がいて、子どもや嫁がいる。家庭がある。三里塚は、家ぐるみ、全ての力を動員して闘いを貫き通そうと決意したのである。

◎五月に第二次の、九月には第三次の強制測量が〃計画〃された。権力は諦めず、鉄カブトに身をつつんだ機動隊を従えて、三里塚の土を踏もうとしたのである。土が投げられ、尿が飛び、石が盾にはね返り、なによりも肉が裂け、それでも農民たちは執拗に闘うことをやめなかった。強制測量という恫喝と、闘いの戦列にクサビを打ちこもうとする攻撃は、こうして阻止される。

◎青年行動隊の無断耕作地（公団買収済み）の落花生畑が、無惨にも掘り返されるという出来事もあった。カンパによる資金と種子、青年行動隊の共同作業によってあがなっていたものなのに。

1971

土は農民と鎖でつながった

◎一九七一年一月。人々がまだ美酒に酔い、一瞬の安寧をむさぼっている時、農民は鍬と滑車で地底に砦を築き始めた。それはまさしく生命を賭すことを要求する戦術だった。何十年、何百年と、北総一帯の農民を潤し、無二の友であり頼るべき友であった関東ローム層と呼ばれる土は、闘いの〃武器〃としては、不向きだった。

◎三月。農民は、土を掘ることを止めない。地下壕はますます広く、強く、深くなり、同じように農民たちの闘う意志も鍛えられていった。労働者、学生、市民が連帯の挨拶を送り、部隊を三里塚に結集しはじめた。強制代執行という権力の〃伝家の宝刀〃が抜かれたのである。

◎既に緑の濃い、実り多かった三里塚の一帯は怪物のような機械で掘り返され、そうした荒廃を身をもってくいとめるように六カ所の砦と地下壕が準備されていた。

◎代執行の十三日間。農民の、労働者や学生の血が流れ、土のように不変でやさしい心をもった多くの人々が泥と汗と風のなかで闘い、ある尊厳を示した。少年たちもまた戦士となった親を信じ隊列を組み、老人や婦人は日常性の言語と生活を、醜い権力の盾にぶつけていった。

【実力闘争の起点】

chapter.01

1968年3月10日　解散集会に機動隊乱入

1968年3月10日　公団のバリケードを突破せよ

1968年3月10日　無差別に発射される催涙弾と放水に抗して

1968年3月31日　全員ヘルメットでデモ、公団成田分室前に到着した反対同盟青年行動隊

ヨコハマタイヤ
深山タイヤ工業所 TEL 成田(2)1580

1968年3月31日　空港公団成田分室前参道

1968年3月31日　重傷35名、入院300余名

【ボーリング阻止】

三里塚芝山連合空港反対同盟の戸村一作委員長。反戦派労働者とともに

空港

1969年7月　石橋副委員長宅

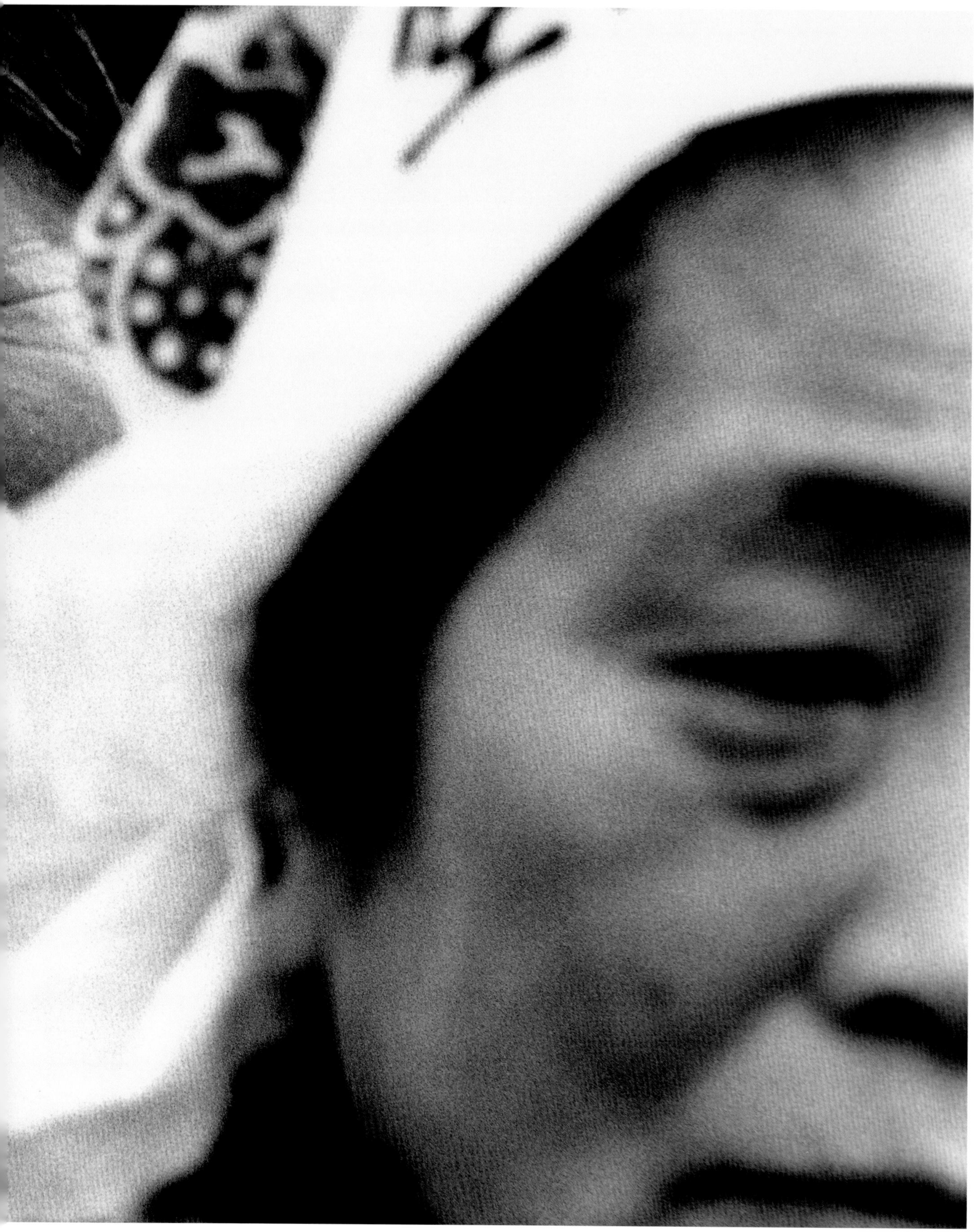

1969年10月　日常化したボーリング阻止闘争、常時300〜500名が参加

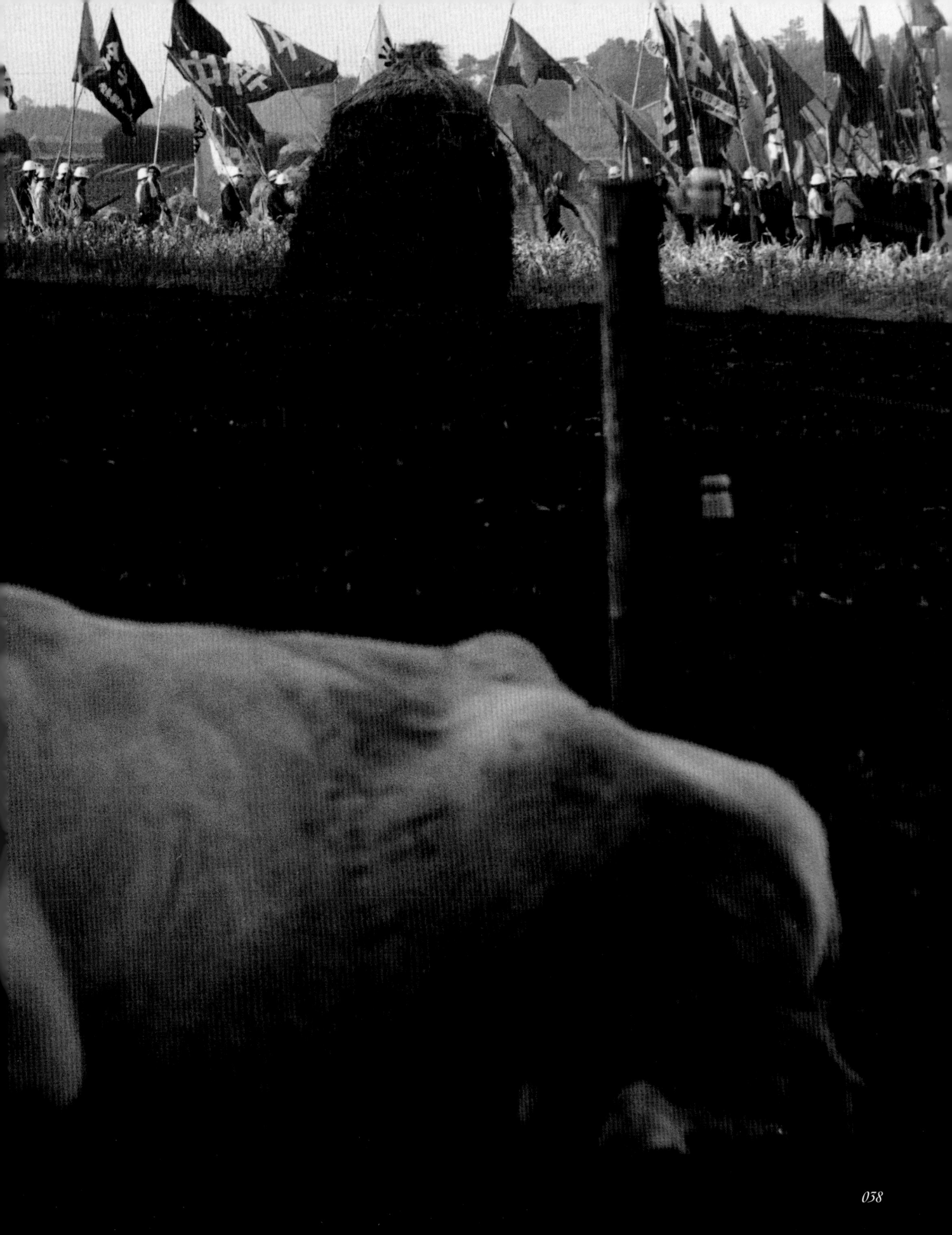

1968年6月30日　ボーリング阻止へ。5000人が用地内縦断デモ

1970年1月　パトロール隊と連絡をとる北原事務局長

1969年9月28日　老年行動隊の武器は棒と＜決死団結＞のハチマキ

【強制測量撃退】

chapter.03

1971年3月6日　農民のスクラムは固い

粉砕
粉砕

1971年3月6日　第三トリデを守る婦人行動隊

1971年2月22日　農民運動の軍師・山口武秀氏（右端）

高浜入干拓反対同盟から支援にかけつけた漁民

1970年9月30日　第三次強制測量阻止闘争の初日、糞尿弾登場

農民放送塔
民の名において収用を拒む
三里塚芝山連合空港反対同盟
中央
反独占

1971年3月5日　黒ワクの日の丸を掲げた放送塔は連日闘う者を鼓舞する

1970年1月13日　駒井野団結小屋は武装した

1970年1月15日　強制測量を迎えうつ、駒井野守備隊

芝浦海陸

1971年3月5日　第六トリデ。 公団は死んでも闘うという農民を立木ごと切り倒した

1971年3月6日　ただひたすら勝利を目指して。機動隊に立ち向かう駒井野トリデ

1970年9月30日　測量に反対する少年行動隊

1971年3月6日　機動隊に立ち向かう第六トリデ守備隊

空港

1971年2月22日　鎖で木に身体をしばりつけた農民には余裕すらあった。第二トリデ

絶対反対

反対同盟は「同盟休校」を実施。家族一体の闘争が続く

1971年2月25日　機動隊とブルドーザーの前に身を挺す。141人逮捕

1970年10月2日　闘争本部前で機動隊の不当弾圧に抗議する戸村一作

年行動隊
年行

1971年2月23日　支援の農民、市民に呼びかける石橋副委員長

1971年2月23日　ブルドーザーの前に座り込む。駒井野

1971年3月5日　公団職員は身をひそめ、機動隊の武力が君臨

決死団結
老年行動隊
南無妙法蓮華経

【三里塚から全国へ】

chapter.04

1968年10月21日　国際反戦統一行動。銀座

1968年10月21日　高田馬場

1968年10月21日　数寄屋橋

1968年10月21日　神田

1968年10月21日　明治公園に数万人の学生・労働者が集結した

M.S.L
中核

1968年4月28日　神田神保町

【地下壕の抵抗】

chapter.05

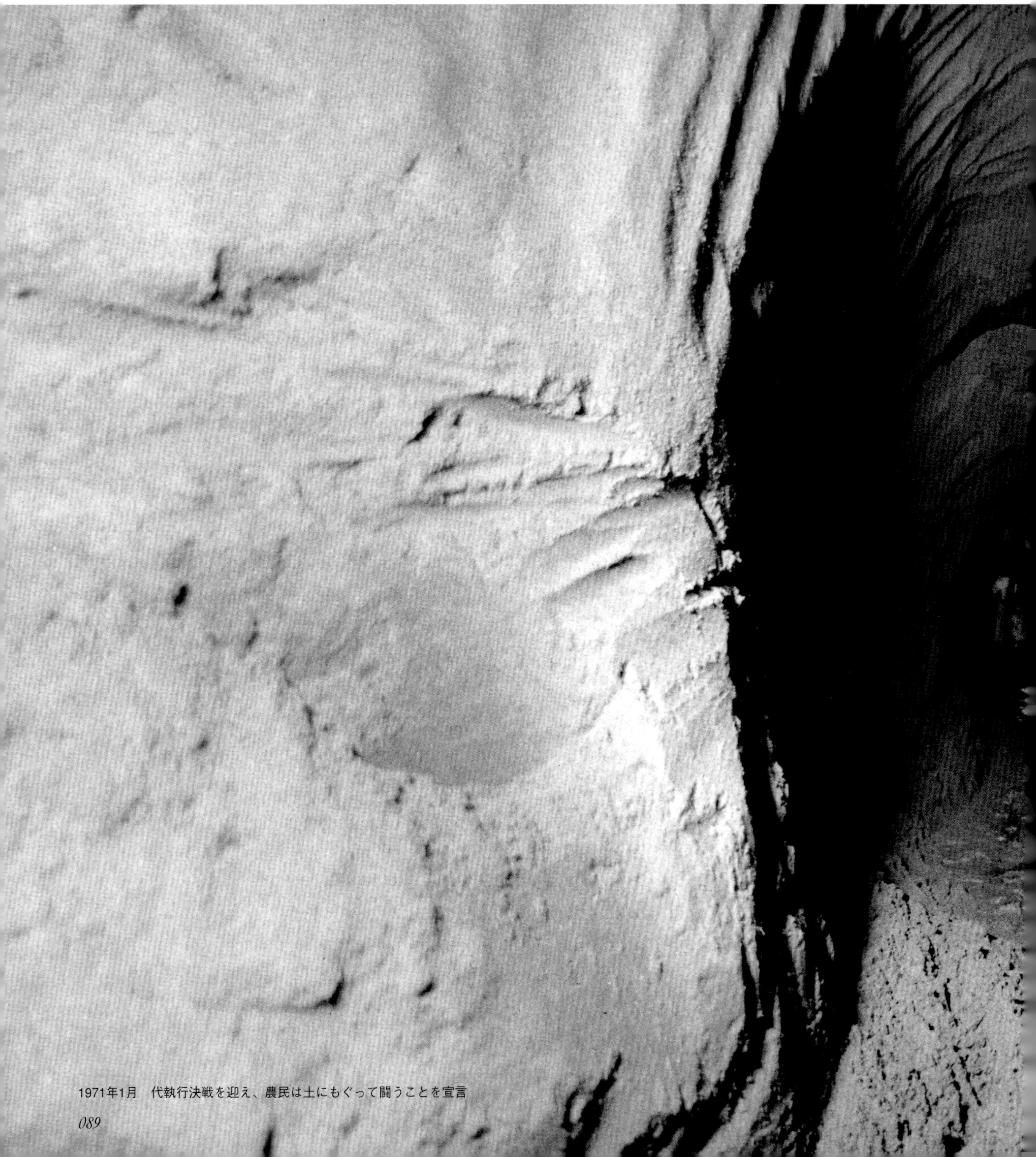

1971年1月　代執行決戦を迎え、農民は土にもぐって闘うことを宣言

この時、滑走路奥深く掘り進められた地下壕は、開港している今でもそのままになっている

1971年1月　正月も休まず掘り続けた

1971年1月　駒井野団結小屋の見張り台

1971年2月　内部では炊事ができず缶詰を常食

1971年3月　地上、他の壕との通信設備は完全

1971年2月　続発する落盤を防ぐため坑木で補強

1971年1月　関東ローム層は崩れやすく、掘り進む作業は難航

1971年1月　地下壕は極秘に数百メートル掘り進められた

1971年3月25日　トリデは厚いコンクリートで守られていた

1971年3月25日　農民の闘いに終わりはない。第三トリデ入口

【大木よね】

chapter.06

1973年　強制代執行後に移り住んだ東峰の自宅耕地にて

空港反対闘争の集会やデモで、必ずといっていいほど最前列に陣取り、異様なほどに鋭いまなざしで壇上をにらんでいる老婆がいた。いつも手拭いでほおかぶりをして、目はギョロギョロとしていたが、ほとんど無言だった。それが“取香の婆”こと、大木よねである。

強制代執行の約２年後、1973年12月17日に死去。享年は66歳とされている。いつどこで生まれ、育ったか、よね自身の記憶は不確かだった。あるときは「56歳だから」と語り、あるときは「66歳になった」と話しはじめる。19歳で千葉県の八街を飛び出し、職を求めて、横浜、立川、佐原、成田と流転した。その間、ひたすら生きることに専念してきたよねにとって、年齢などはどうでもいいことだったのである。名前も、最後に添い遂げた男の姓を名乗っているが、戸籍上は死ぬまで未婚。旧姓の「小泉よね」のままだった。

そんなよねが最後にたどり着いた取香の地で三里塚闘争に参加し、次第に反対運動のシンボル的な存在となっていったのである。

上の写真は1971年、よねの自宅にて撮影。左は50年来の友人である島村良助
左の写真は1970年の駒井野団結小屋にて。左が染谷かつ

勝
老年行
学連

1971年　千葉県千葉市体育館の収用委員会にて。平仮名も読めなかったよねは、集会などで挨拶を請われても、常に「おらぁ、がんばるだ」の一言しか発しなかった。上の写真の遺影は、成田空港反対同盟の小川明治副委員長

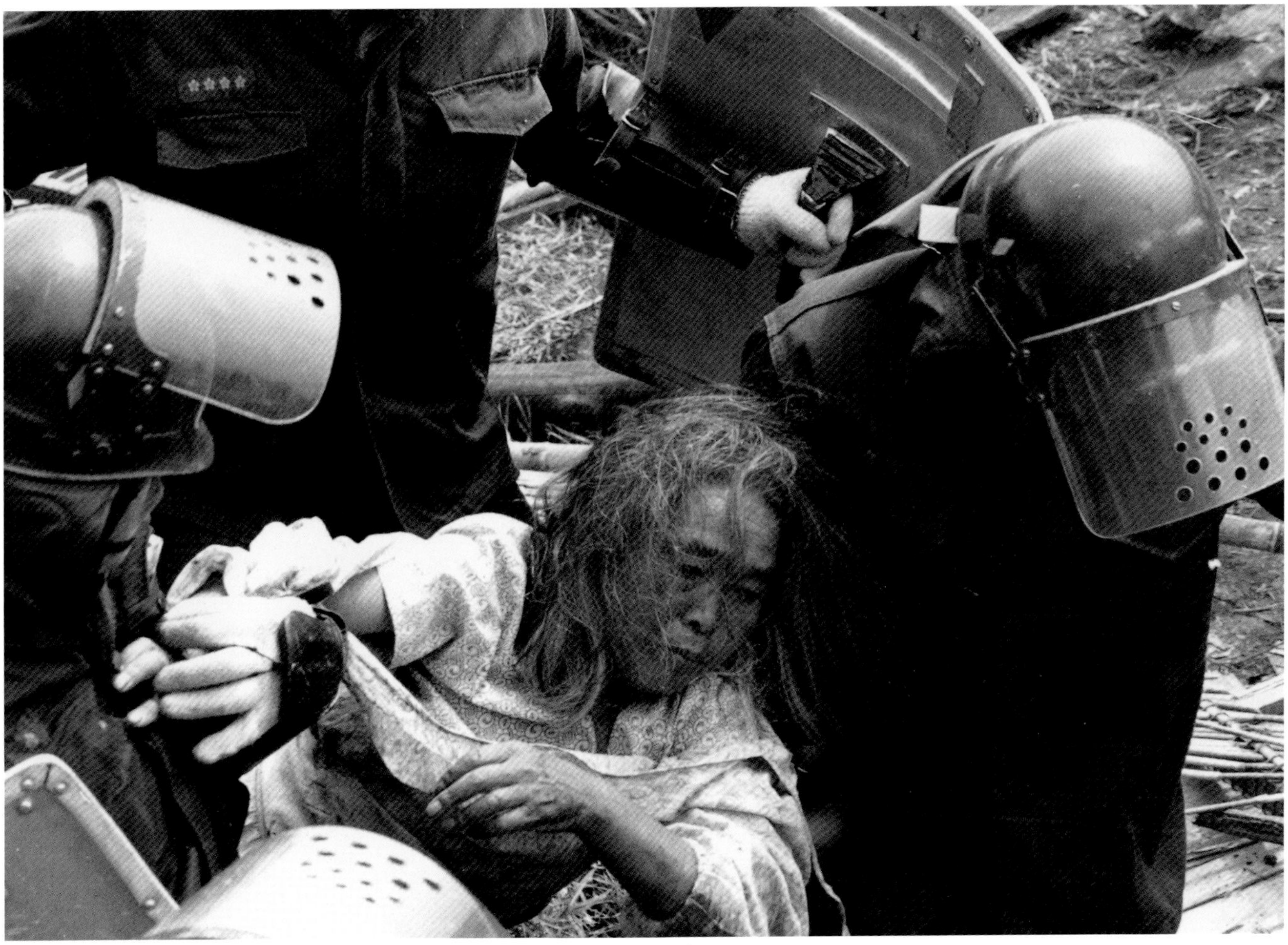

1971年９月20日　強制代執行当日。機動隊員に抱えられて敷地外に出されるとき、よねの目はどうだったか。瞼を強く閉じていたようにも思えるし、普段よりさらに大きく見開いていたようにも思える

〈代執行粉砕〉

chapter.07

1978年　機動隊と激突。三里塚交差点

1981年　暫定的とはいえ、危険なジェット燃料が市街地を走った

豊かだった北総台地——三里塚闘争にかかわった人は、のべ100万人を超えた

成田闘争関係年表

1962——2007

1962

11・16 池田内閣、第二東京国際空港構想うちだす

12・23 富里村反対派、住民の血判書を佐藤総理に提出

1963

6月中旬 綾部運輸大臣が浦安案を、河野建設大臣が木更津案を発表

7・4 綾部運輸大臣・河野建設大臣・川島国務大臣・友納千葉県知事、初の四者会談。新空港を東京湾内千葉県側とすることで合意

8・27 第二回四者会談で、綾部運輸大臣から東京湾内に加えて、富里村付近と霞ヶ浦の二案が追加提案

9・12 友納千葉県知事、県議会全員協議会で、運輸省が富里村付近を候補地に検討中と報告

12・11 航空審議会が新空港について答申。第一候補地は富里村付近、第二候補地は霞ヶ浦周辺、規模は主滑走路四〇〇〇m×二本、補助滑走路三本で計五本、面積約二三〇〇ha等の答申

12・12 河野建設大臣、航空審答申の富里案に不賛成と述べる

1964

3・22 社会党千葉県本部、新空港設置反対決議

11・13 河野国務大臣、閣議で「富里・霞ヶ浦・木更津沖・羽田拡張の四候補地案を白紙に戻し再検討を考慮中、五〇〇〇戸以上の民家移転は不可避」と発言

12・23 富里村反対派、住民の血判書を佐藤総理に提出

1965

＊この頃米国のベトナム侵略戦争が本格化。二月北爆開始。米軍チャーター機の羽田利用急増し新空港建設に拍車

6・2 新東京国際空港公団法公布

11・15 富里村反対派、耕運機五〇台に分乗し千葉県庁に反対デモ、知事室に乱入

11・18 佐藤内閣、新東京国際空港関係閣僚協議会で空港建設を千葉県富里村に内定

11・25 富里村・八街町議会、空港設置反対を決議

1966

2・7 空港反対デモ隊三〇〇〇人が県庁舎突入

2・28 友納千葉県知事、県議会で「事態の推移を静観する」と所信表明

3・4 臨時新東京国際空港関係閣僚協議会の設置を閣議決定

5・14 自民党川島副総裁、木更津沖再調査を佐藤首相に提案。首相も了承

5・18 富里・八街空港反対同盟、農地不売運動（一坪マンモス登記運動開始）

6・21 中村運輸大臣「新空港は富里・八街以外にはない」と記者会見

6・22 佐藤・友納会談、懸案の新空港建設地は急遽三里塚地区に変更すると内定。規模を富里案の二分の一に縮小。翌朝新聞発表。反対運動ただちに始まる

6・28 三里塚地区千数百名の農民を結集して三里塚空港反対同盟の結成大会をひらく。委員長戸村一作

6・29 運輸省、三里塚の新空港設置計画を発表

6・30 芝山農協主催で三里塚空港粉砕全組合員大会。芝山町空港反対同盟結成。委員長瀬利誠

運輸省、千葉県庁県民ホールで新空港説明会開催

7・2 友納知事、三里塚案を正式に了承

7・4 佐藤内閣、三里塚空港（成田空港）設置を閣議決定

成田市議会「三里塚空港設置反対決議案」を可決

7・20 芝山町議会「成田空港建設に強く反対する決議案」を可決

7・30 新東京国際空港公団発足

8・2 成田市議会、空港設置反対決議を白紙撤回、旧遠山地区選出議員六人は欠席

8・22 三里塚・芝山両地区の農民三〇〇〇人が新空港閣議決定粉砕総決起大会。三里塚芝山連合空港反対同盟を結成。委員長に戸村一作

8・25 条件派の成田空港対策部落協議会が発足

8・27 反対同盟、一坪運動共有地登記を開始

9・30 空港公団、地元住民に対して第一回説明会、地目別買収価格等を説明

12・12 大橋運輸大臣、空港公団に基本計画（平行滑走路二本、横風用滑走路一本）を指示

12・13 公団、新東京国際空港工事実施計画認可を申請（67年1・23認可）

12・16 天神峰に現地闘争本部を設立。駒井野、天浪、木の根、横堀等につぎつぎと団結小屋の建設を開始

＊夏から秋にかけて、政府のきりくずし工作が進む。部落協など条件派を組織化

12・27 芝山町議会、警官隊を導入して空港反対決議の白紙撤回強行（町民の傍聴を排除）

1967

1・10 運輸省、新東京国際空港工事実施計画に係る公聴会開催。反対同盟三六〇人は「空港絶対反対」を叫んで公聴会入場を要求。厳重な警戒の中で場外スピーカーで傍聴

1・21 芝山町反対同盟、空港賛成派町議会議員一六人のリコール運動を完了、町選管に提出。直後に選管委員辞任で審査中断、リコール署名宙に浮く

3・6 成田空港対策地権者会発足

4・22 反対同盟「新空港工事実施計画認可処分取消請求の訴訟」を東京地裁に提起

4・23 戸村委員長、成田市議に上位初当選

6・26 条件派との会談で現地入りの大橋運輸大臣を反対同盟が成田駅で阻止

8・15 千葉市で空港粉砕・測量阻止の集会。終了後、県庁座りこみ。この日小中学生で少年行動隊を編成、家族ぐるみの闘争に入る。婦人行動隊、知事公舎座りこみ

8・16 反対同盟「あらゆる民主勢力との共闘」を確認

8・21 友納知事、土地収用法に基づき土地立ち入り測量の通知を公告

9・1 三派全学連委員長らが反対同盟の金曜集会に初参加

10・8 全学連が佐藤首相の南ベトナム訪問に反対して羽田闘争

10・10 機動隊二〇〇〇人を動員して空港用地外郭測量。反対同盟一二〇〇人が実力阻止闘争。以降連日くい打ち阻止闘争。日本共産党は実力闘争に反対して現場から逃亡、以降反対同盟への分裂工作強める

11・3 反対同盟、全学連、反戦青年委員会の三者共闘、一二〇〇人で現地集会

12・15 反対同盟総会を開き日本共産党との絶縁を決定

1968

2・3 全学連、現地闘争本部を開設

2・22 芝山町議会選挙、反対派全員当選

2・26 反対同盟、全学連とともに成田市役所・公団分室にデモ。機動隊と激突。戸村委員長重傷

3・10 成田市営グランドで五〇〇〇人の集会。デモで機動隊と激突。解散集会を機動隊が襲撃

3・31 三里塚現地から公団分室までデモ。2・26から三つの闘争で逮捕二〇〇名、負傷一〇〇〇名超える。反対同盟は権力との実力闘争へ踏み出す

4・6 空港公団、条件派四団体と用地売り渡しに係る覚書に調印

4・18 老年行動隊、御料牧場の存続を宮内庁へ請願

4・19 公団、機動隊を導入して条件派の宅地、田畑の立ち入り測量を開始。七月までの三カ月間、連日実力で測量阻止闘争（百日間戦争）

6・30 全国大会。五〇〇〇名で用地内デモ。青年行動隊中心に鎌、竹やりで武装

8・7 公団、「当面はA滑走路の建設にしぼる」との工事プラン発表

12・2 公団、地権者に対し文書で用地買収協力要請

1969

＊この頃、新宿騒乱闘争（68年10月）、東大安田講堂決戦（69年1月）、沖縄デー（69年4月）等、七〇年安保闘争にむかって青年学生の闘いが各地で高揚、物情騒然とした状況が広がる

2・26 芝山農協で老年行動隊、婦人行動隊を中心に空港粉砕決死隊を結成

3・11 芝山町議会主催の新東京国際空港報告会の席上、空港反対の町民に囲まれた寺内町長は「①空港反対の意志を尊重する。②土地収用法の告示はしない」と確認書を作成

7・22 老年行動隊二〇名、二重橋に座りこみ宮内庁御料牧場の移転反対を訴える

8・18 御料牧場移転のための閉場式を粉砕。反対同盟、青年行動隊二〇〇人が壇上を占拠

9・13 空港公団、土地収用法に基づく新東京国際空港建設事業の事業認定を申請

9・20 A滑走路建設工事着工

10・5 公団、工事用道路の着工を強行。連日阻止闘争

11・12 駒井野でブルドーザーの前に座りこんで工事を阻止。戸村委員長ほか一三名逮捕

12・16 政府建設省、土地収用法に基づく成田空港建設の事業認定を認可・告示

1970

1・2 反対同盟、公団の立ち入り測量に備え天浪・駒井野の各団結小屋にバリケード構築

1・25 71年4月開港阻止にむけ、老年行動隊が五〇〇日間の座りこみ闘争をはじめる

2・19 土地収用法に基づく第一次強制測量はじまる。五拠点で阻止。少年行動隊は同盟休校。航空測量に追いこむ

3・3 空港公団、千葉県収用委員会に対し第一次収用裁決を申請（12月の第六次申請まで）

3・13 反対同盟、事業認定取消請求訴訟

3・28 新東京国際空港周辺整備のための国の財政上の特別措置に関する法律（成田財特法）公布、施行

4・25 旅客ターミナルビル建設工事着工

5・14 第二次強制測量阻止闘争で完全阻止

6・12 千葉市内の県立体育館で第一回公開収用委員会審理。少年行動隊、再び同盟休校で決起、実質審理を阻止。その後収用委員の飯田朝が辞表を提出

7・1 公団、「昭和46年4月開港は断念」と記者会見

9・30 第三次強制測量はじまる（天神峰、東峰、木の根）。機動隊を大量投入。反対同盟、糞尿弾でたたかう。少年行動隊も決起。測量三日目で中止。逮捕者五九名

11・4 公団、新東京国際空港第一期建設事業について特定公共事業の認定を申請

12・26 千葉県収用委員会、一期工区内農地・宅地の収用及び明け渡し裁決を審理ぬきで強行。これにより翌年1月31日以降いつでも強制代執行が可能となる

12・28 建設省、新東京国際空港第一期建設事業について特定公共事業認定を告示

1971

1・6 強制収用攻撃間近い駒井野で地下壕掘りはじめる。少年行動隊、三高協、青年行動隊、婦人行動隊がそれぞれ連日周辺宣伝

2・3 空港公団、千葉県収用委員会に緊急裁決の申し立て

2・14 大型テントで野戦病院を開設

2・22 A滑走路建設を阻む駒井野六地点の第一次強制代執行はじまる（〜3・6）。機動隊連日三〇〇〇人。反対同盟と支援は、地下壕、バリケード、立木などで一カ月にわたり激しく抵抗。二地点で代執行を阻止。3月25日までのたたかいで逮捕四六八名、負傷一〇〇〇名超える

3・17 県収用委、緊急裁決対象地の現地調査（平和の塔・駒井野団結小屋・天浪団結小屋等）

3・25 空港公団、三、四、六地点の地下壕を撤去、反対同盟、阻止闘争を展開

4・25 戸村委員長、成田市議に再選

5・12 反対同盟、芝山町岩山に第一鉄塔（三〇・八二m）を構築

6・12 県収用委、緊急裁決の申し立てに対する裁決（権利取得及び明け渡し期限8・12）

7・26 公団、駒井野地下壕と農民放送塔に対し仮処分による撤去を強行。逮捕二九〇名、重軽傷五〇〇名をだしながら三〇日まで徹底抗戦（七月仮処分闘争）

9・16 第二次強制代執行はじまる（〜9・20）。駒井野、木の根、天浪で阻止闘争。全国から万余の支援。各所で機動隊と激突。激戦のなか東峰十字路で神奈川県警の一個大隊壊滅。機動隊三名死亡

9・20 公団、大木よね宅をだましうち的に襲い代執行強行。代執行への報復で工事現場、飯場はことごとく焼失。この間のたたかいで逮捕者九六〇名、負傷者無数

10・1 青年行動隊の三ノ宮文男君が代執行を糾弾し抗議自殺

12・8 青年行動隊九人逮捕。9・16警官死亡事件へのデッチあげ一斉弾圧はじまる。以後九カ月間で現地の農村青年のべ一一四名逮捕、起訴五六名

1972

1・14 千葉市議会特別委員会、パイプライン埋設賛成を強行採決

1・26 今井空港公団総裁「六月中に開港の見通しがついた」と記者会見

2・10 運輸省、日本鉄道建設公団申請の成田新幹線工事実施計画認可（現在に至るも完成のメドたたず）

3・12 A滑走路南端に岩山大鉄塔の建設開始（高さ六二m）

6・26 ジェット燃料輸送パイプライン工事開始。沿線住民らの反対運動激化で中断。八月には暫定貨車輸送方針に変更

12・12 東峰十字路裁判初公判

12・21 今井空港公団総裁、一九七三年三月の開港を断念と発表

1973

4・30 A滑走路が完成。開港のメドたたず

5・10 二期工区内の民家と団結小屋への立ち入り調査。反対同盟が実力で粉砕。公団、地上調査を断念。航空調査とする

9・17 千葉市内のパイプライン敷設工事全面中止

10・5 反対同盟、東京で三里塚大政治集会。一〇万人鉄塔共有化運動はじまる

12・21 公団は、成田市土屋—空港間の暫定パイプライン工事開始。反対闘争でたびたび中断

1974

7・7 戸村委員長が参院選全国区に立候補。空港反対を訴えて二三万票得る

1975

4・27 北原事務局長、成田市議に初当選

6・30 土屋—空港間の暫定パイプライン貫通。以降、燃料貨車輸送強行に向け攻撃強まる。動労千葉先頭に反対闘争

7・20 千葉市民、本格パイプライン工事差し止めの一万人マンモス訴訟を提起

10・12 鉄塔決戦勝利全国総決起集会。全国住民団体との共闘強化にむかう

1976

2・25 鉄塔破壊道路工事再開。激突で逮捕四八名（産土参道闘争）。鉄塔決戦に突入

4・27 反対同盟副委員長瀬利誠が土地を売却して脱落。除名処分となる

10・3 反対同盟、鉄塔決戦総決起集会を開催。

逮捕者多数

1977

1・17 福田赳夫首相が「年内開港をめざす」と表明
3・15 旅客ターミナルビル完成
4・17 鉄塔決戦集会。空前の二万三〇〇〇名結集
5・6 空港公団、岩山大鉄塔を闇うち撤去。反対同盟、即日反撃開始。8日の抗議闘争でガス銃の水平射撃にあい、東山薫さん虐殺される。逮捕者七四名
8・7 テスト飛行はじめる。反対同盟、飛行阻止闘争
9・14 公団、千葉市とジェット燃料の暫定輸送に係る確認書に調印
11・12 福田内閣、開港日を翌年3月30日と決定
12・2 国鉄、ジェット燃料貨車輸送計画を発表。動労千葉、翌3日より順法闘争に突入。総武線全線でストップ
12・6 反対同盟、横堀要塞建設開始
12・26 千葉地裁、高速道路未整備部分（大木よねの耕作地）の強制執行認める。同日空港公団は強制明渡し執行

1978

2・5 反対同盟、横堀要塞鉄塔建設開始
2・6 空港公団、横堀要塞鉄塔の撤去を開始（〜8日）。逮捕四九名
3・1 動労千葉、ジェット燃料輸送阻止の二四時間スト
3・2 鹿島ルートの備蓄用航空燃料暫定輸送開始
3・25 反対同盟、横堀要塞に再び鉄塔を建て北原事務局長ら籠城。開港阻止訴え死守戦に突入（〜3・28）。逮捕者五一人
3・26 反対同盟二万人集会。管制塔突入闘争成功し、開港予定を粉砕
3・28 福田内閣、3・30開港日の延期を決定
4・4 新東京国際空港関係閣僚会議、新たな開港期日を5・20と決定
5・13 政府、新東京国際空港の安全確保に関する緊急措置法（成田治安法）公布。団結小屋の封鎖、撤去など、運輸大臣の権限を強化
5・16 木の根団結小屋及び岩山団結小屋に成田治安法を適用
5・17 反対同盟、成田治安法の適用に抗議。「一切の話し合い拒否」を声明
5・20 成田空港、A滑走路一本で一期暫定開港。同日、東京航空管制部がゲリラで機能停止
5・25 航空燃料暫定輸送開始
6・5 反対同盟、飛行阻止百日間闘争宣言
10・16 反対同盟事務局次長・島寛征と福田内閣の道正邦彦官房副長官が秘密交渉開始
12・1 政府、空港周辺の農業振興策（買収策）を閣議決定。成田用水を菱田地区に拡大

1979

2・6 横堀要塞に成田治安法を適用
3・31 成田財特法の有効期限を89年3月31日まで一〇年延長
4・19 大平内閣の加藤紘一官房副長官、島寛征らとの秘密交渉を引き継ぐ。闘争終結の「覚書」をめぐり6月まで数度の交渉
4・28 二期用地にかかる千代田農協の移転攻撃に対し、千代田事業所運営委は全員一致で移転反対を再確認
5・15 本格パイプライン工事着工
6・15 島寛征、加藤官房副長官との秘密交渉で「二期工事を凍結し話し合いで解決する」との『覚書』に調印
7・16 読売新聞朝刊が「同盟と政府の水面下の交渉」について報道。島らの和解工作が発覚。同日、森山運輸大臣が「話し合い」を提唱
7・19 反対同盟、島らの『覚書』の動きを強く批判、話し合い拒否の声明
11・2 戸村一作委員長死去。11日に追悼集会。墓石に「真理はあなたに自由を与える」

1980

10・12 反対同盟、菱田地区湿田の自主基盤整備（暗きょ排水工事）を開始
12・2 鈴木内閣、翌年3月で期限切れのジェット燃料貨車輸送を以後三年間継続と決定

1981

1・6 小川総一郎、石井英祐ら用水推進派が成田用水菱田工区設立
3・1 ジェット燃料輸送延長阻止全国総決起集会
3・2 動労千葉、燃料輸送阻止のストライキに突入。6日には全線スト決行
6・7 芝山町長選で反対同盟候補者が四割の得票
12月 反対同盟副委員長石橋政次らと政府高官の秘密交渉が発覚

1982

2・10 反対同盟、秘密交渉に臨んだ石橋、内田（行動隊長）の役職を解任し、政府との話し合い拒否を再確認
2・23 石橋に同調した事務局次長石井英祐が役職を辞任、成田用水を推進する
5・23 反核東京行動に四〇万人。反対同盟全戸動員で参加
11・30 石井新二が一坪再共有化運動（不特定多数に売却）を提起
12・16 一坪再共有化、本部実行役員会で否決

1983

3・8 「熱田派」が反対同盟から分裂。反対同

盟は「空港絶対反対」の基本路線を再確認。

4・24 成田市議選。北原事務局長が三選果たす

6・21 中曽根首相、二期早期着工を声明。二期着工攻撃強まる

8・8 本格パイプライン（B系）の供用開始。暫定輸送は8月6日に終了

11・21 長谷川運輸相と沼田県知事が二期早期着工で合意

1984

2・7 本格パイプライン（A系）施設完成

2・17 芝山町議選。反対同盟本部役員の鈴木幸司氏が初当選

3・17 反対同盟、芝山町議会の二期工事早期着工決議に抗議、四名逮捕

4・15 成田用水着工切迫に対し、はじめて菱田現地デモ

7・6 事業認定取消請求訴訟、東京地裁で請求棄却の判決

8・1 本格パイプライン（A系）供用開始

8・28 運輸省、来年度予算概算要求にはじめて二期工事予算を計上

9・25 成田用水菱田地区（第一工区）の工事開始。反対同盟は着工阻止の実力闘争。五日間で反対同盟五名を含む三二名逮捕

11・21 東峰裁判論告求刑。懲役一〇年など不当求刑

1985

1・22 天神峰で石橋政次らの代替地へ表土移送始まる。反対同盟、連日表土移送阻止闘争

3・6 東峰十字路裁判最終弁論（結審）

8・28 運輸省、第五次空港整備計画で「一九九〇年に二期工事概成」と宣言

10・20 三里塚第一公園にて全国集会。「空港突入」をかかげた学生、労働者が三里塚十字路で機動隊と数時間に及ぶ激突。逮捕者二四一名

11・25 千葉県と空港公団は機動隊一万人を動員し成田用水菱田第二工区の着工

11・28 動労千葉、国鉄分割・民営化阻止のストライキ（～29日）

1986

2・18 千葉県、成田用水菱田工区の反対同盟所有地（水田）に対し、大量の機動隊を動員し「強制立ち入り調査」を強行

9・26 成田用水菱田第三工区の着工

10・4 千葉地裁、東峰十字路裁判で一審判決

10・27 政府・空港公団、空港二期工事着工を強行。天神峰、東峰を機動隊で制圧し、未買収地を残した「軒先工事」開始

1987

4・26 北原事務局長、成田市議選で第九位の上位当選。四選果たす

7・15 反対同盟、二期工事のための山砂搬入ダンプを阻止するトラクターデモを青年行動隊を中心に開始

9・4 天神峰の小川嘉吉、喜平ら「小川グループ」が反対同盟を脱退

9・6 反対同盟拡大実行役員会。「全同盟員一丸となって二期阻止へたたかう」と決議

10・5 空港公団、公団用地と同盟用地の境界に鉄条網フェンス構築を開始。自主耕作地の破壊も全面化

11・27 運輸省、成田治安法の除去命令をはじめて適用し、木の根団結トリデを撤去

1988

2・14 芝山町議選で鈴木幸司本部役員が第三位の上位で再選

5月 空港公団総裁・秋富公正が、読売の月刊誌で土地収用法発動を宣言

5・27 公団副総裁・松井和治、「土地収用法の剣を突き付けて話し合いをせまる」（読売新聞）との談話

6・6 千葉地裁、第一次収用裁決取消訴訟で反対同盟の訴えを棄却する反動判決

7・12 木の根育苗ハウスに高さ一三mの鉄塔が完成

7・15 産経新聞一面で「成田空港の土地収用審理、今秋再開へ」と報道

9・21 千葉県収用委員会会長・小川彰が新左翼党派に襲われ重傷

9・26 天神峰現闘本部の増築工事が五日間にわたる突貫工事で完成

10・23 千葉県収用委員会の委員全員が辞任。収用審理できず、強制収用が不可能になる（収用委員会は以来、崩壊したままの状態）

1989

＊天神峰、東峰での「軒先工事」がエスカレート。敷地内農家に深刻な振動被害続出

3・29 松井公団総裁、「反対派の軒先まで工事を進めご理解いただく」との談話（産経新聞）。人権無視の軒先工事に批判高まる

9・19 運輸省、天神峰現闘本部など現地の団結小屋九カ所に成田治安法に基づく「使用禁止命令」を通告

10月 熱田派事務局員が、県企画部を仲介に運輸省官房長・松尾道彦と接触。「公開対話路線」の意志を伝える

12・4 運輸省・公団、反対同盟の東峰団結会館に対し、成田治安法の強制撤去処分強行。機動隊六〇〇〇人を動員しトリデ破壊。三日間にわたる徹底抗戦。同日、江藤運輸大臣が熱田派に対して「陳謝声明」なるものを発表

12・19 政府、「成田空港の安全と極左暴力集団対策」に関する『政府声明』を発表。「あらゆる法令」との表現で破防法（破壊活

動防止法）発動の方針盛りこむ

1990

1・15　千葉県警、反対同盟の天神峰現闘本部を「家宅捜索」の名目で急襲し、そのまま不法占拠。翌16日、運輸省に引き渡し成田治安法の強制封鎖処分を強行

1・30　熱田派が江藤運輸大臣を現地に引き入れて「公開の話し合い」

3・19　木の根育苗ハウスに対する成田治安法の強制撤去処分発動される

3・27　政府が二期工事の強制収用のために「収用委員会を再建する必要がある」と表明（衆議院地方行政委員会）。警察庁も収用委員の再任命に「協力する」と表明

8・22　南三里塚の三里塚闘争会館に対する成田治安法の強制撤去処分が強行される

9・13　反対同盟の野戦病院と菱田第一トリデに成田治安法「使用禁止命令」通告

10・15　大清水団結小屋に対する成田治安法の強制撤去処分が強行される

11・1　熱田派石井新二ら、公開シンポジウムの母体となる「地域振興連絡協議会」（村山元英会長）を発足させる

＊11月12日に天皇即位儀式。その時期、左翼団体への戦前型の弾圧が頂点に達する

1991

5・15　隅谷三喜男氏ら「学識経験者」グループ、「隅谷調査団」発足

11・21　運輸省と熱田派が第一回公開シンポジウム。予定より一年遅れでスタート

1992

12・6　B滑走路の第二旅客ターミナルビルが滑走路なしで開業。二期工事は未買収地に阻まれ、ついに完全ストップ状態に追い込まれる

1993

5・24　公開シンポジウム終了。「二期工事白紙化」の隅谷調査団所見。運輸省は「あくまで完全空港めざす」とコメント。

9・20　第一回成田問題円卓会議開催。隅谷氏が座長

1994

10・11　円卓会議終了。隅谷調査団提言で「二期工事白紙化」を早くも撤回

1995

8・24　運輸省、第七次空港整備計画の中間答申。成田二期工事は①首都圏第三空港②関西二期③中部国際の「三大プロジェクト」から外れる

1996

5・26　三里塚闘争30周年集会（東京・両国公会堂）

1997

6・17　安保ガイドライン中間報告で「民間空港・港湾の提供」が明記され、成田空港の軍事使用問題が改めて表面化

1998

1・5　空港公団総裁が「平行滑走路の2000年度完成」を強調

5・18　隅谷調査団が「成田問題は社会的に解決した」とする最終所見を運輸大臣に提出。B滑走路の見切り着工を容認する趣旨

7・4　隅谷所見を弾劾し着工を阻止する東京集会を開催

7・15　運輸省が「地域住民との『共生大綱』」なる報告書を発表

1999

1・21　空港敷地に住む市東東市さん逝去

3・28　市東東市さん追悼集会。長男の孝雄さん「父の遺志は私が引き継ぐ」と表明

5・10　運輸省、平行滑走路「2000年完成」を断念。同時に暫定滑走路計画（二一八〇m）を発表

12・3　暫定滑走路の見切り着工

2000

4・17　暫定滑走路工事、東峰地区の着工を強行

6・10　東峰神社立ち木が暫定滑走路の進入表面を破っていると判明

8・9　郡司とめ婦人行動隊長が逝去

2001

2・28　土地収用法改悪に反対するシンポジウムを都内で開催

6・16　空港公団が東峰神社立ち木を不法に伐採。現地農民が実力阻止闘争。反対同盟の萩原進さん逮捕される

2002

4・18　暫定滑走路の開港強行

6・24　東峰神社の所有権移転無効訴訟はじまる。原告は東峰地区統一原告団

12・1　暫定滑走路で航空機同士の接触事故

2003

1・27　暫定滑走路でオーバーラン事故

3・19　空港公団・黒野匡彦社長、東峰地区に暫定開港強行についての「謝罪文」

- 3・30 アメリカの反戦団体ＡＮＳＷＥＲの代表を招いて全国集会
- 6・30 公団が、東峰神社裁判で「和解」申し入れ。東峰地区の全面勝訴へ

2004

- 3・12 空港会社が天神峰現闘本部の撤去を求め不当な提訴
- 4・1 空港公団が民営化しＮＡＡ（成田空港会社）発足
- 6・17 天神峰現闘本部裁判を支援する会結成
- 11・1 北側一雄国土交通大臣が黒野社長に「迅速な用地交渉」を要求
- 12・8 堂本暁子千葉県知事、収用委員を任命

2005

- 1・11 北側一雄国交相、黒野匡彦空港会社社長に「用地交渉の進展なければ北延伸断行」を指示
- 8・4 国交省、暫定滑走路「北延伸」を決定
- 8・31 成田クリーンパークが進入灯用地を阻止している問題発覚
- 9・1 東峰の森を破壊する新誘導路計画が発覚

2006

- 6・24 東京江東区で三里塚闘争40周年のパネル展示と討論集会
- 7・3 空港会社、市東孝雄さんの畑の耕作権解約を成田市農業委員会に申請。暫定滑走路の誘導路を「への字」に湾曲させている市東さんの農地を「農地法」を乱用して取り上げる攻撃
  30年ぶりの農地収用攻撃
- 9・21 堂本暁子知事、市東さんの畑の賃貸借契約解約を許可決定

2007

- 1・29 農林水産大臣・松岡利勝が、市東さんの千葉県知事決定に対する行政不服審査を棄却する裁決下す
- 2・19 空港会社が、市東さんの畑の一部を「不法耕作」と強弁して「明け渡し」を求める裁判の第一回弁論
- 7・27 市東さん、千葉県知事による「解約許可」の取消を求める違憲訴訟を提起

——三里塚芝山連合空港反対同盟 ＋ 三留理男

あとがき

三里塚を撮影することは、人を撮ることであった。本書のほとんどのページには人がいる。農民であったり、学生、労働者そして警察官など立場や職業、そこにいる理由の異なる数多くの人の顔がある。

ここに写っている人のなかには、親しく言葉を交わしたり酒を酌み交わした人がいるが、大木よね、戸村一作など、その何人かは鬼籍に入られた。元気で頑張っている人もたくさんいるが、やはり四〇年という歳月は重くて反対同盟で中心的に活動しているのは彼らの子どもから、孫の世代に移りつつあるようだ。

写真の中には、この三十数年間のどこかの時点で自宅や農地を売って三里塚から離れてしまった人もいる。そうして三里塚の農民でなくなった人たちは、反対運動からも身を引くことになった。代替地で農業を続けたり、空港関連企業に職を得た人が多いと聞いているが、転進した先で「我が世の春」を謳歌しているという例を聞かないのはなぜだろうか。

あのころ親しくしてもらったA氏も土地を手放した一人だが、今でも空港近くで暮らしていることを知り、訪ねたことがある。昔は、コンチハと声をかけて縁側から覗けば、家族の誰かが歓迎してくれたものだが、今回は本人に会うまでがたいへんだった。家に近づくといきなり複数のガードマンに囲まれ、誰何されてしまったのである。事情を話して、ようやく本人に取り次いでもらうことができた。

見知らぬ土地へ行き、見知らぬ人の中で暮らすという選択も可能なはずである。しかしA氏は、今でも三里塚の片隅で、生活している。

さまざまな人生模様を織りなしてきたのは、農民だけではない。本書の編集・構成を担当した三人のうち、一人は数年前に心臓発作で亡くなり、もう一人は高齢のために入院生活を送っている。私は、何とか今でもカメラマンとしての生活を続けている。

実をいえば私は、開港して三〇年近くなるという成田空港を知らない。航空機の発着数が年間一九万回、旅客数は三一四五万人に達するこの飛行場に足を踏み入れたことがないのだ。

国際線に乗ったことがないわけではない。八〇年代から海外取材の機会が多くなったが、出発は自宅のある東京から新幹線か国内線で大阪、名古屋の空港に移動してそこから国際線に搭乗、帰国する際は逆のコースを利用しているのだ。細かく数えたわけではないが、こうしたルートで日本と外国を往復した回数は、この四〇年で二〇〇回を超えているはずである。だから私はフェンスに囲まれた成田空港の敷地内に入ったことがないし、利用したことがないのだ。

三里塚は私にとっては、今でも、こだわりの残るところなのである。

三留理男

お願い

一九七一年に原書を編集する際、当時いっしょに動き回っていた若いカメラマンや助手として手助けしてもらった若い諸君と共作したカットを、何点か採用した記憶がある。新版を制作する過程でフィルムなどを調べてみたが、記録はなく、記憶も定かではないので特定できなかった。心当たりのある方がいれば、連絡していただければ幸いである。

三留理男
みとめ・ただお

1938年生まれ。報道写真家。日大芸術学部中退。在学中に写真集『小児マヒの記録』（法政大学出版局・1961年）を発表。以後、アジア・アフリカを中心に取材を続け、82年『国境を越えた子供たち』（集英社）をはじめとする一連の作品で第三世界の国境線上の状況を広く世界に伝えたことで「第1回土門拳賞」受賞。88年、長期にわたるアジア・アフリカ取材活動に対して「第4回アジア・アフリカ賞」受賞。97年『辺境の民――アジアの近代化と少数民族』（弘文堂）で「第9回アジア・太平洋賞特別賞」受賞。88年より毎日新聞社特別嘱託。

著書に、『パレスチナ』（現代史出版会）、『アロコ』（集英社）、『飢餓』（光文社）、『サラーム』（毎日新聞社）、『チュイ・ポン！』（小学館）、『カンボジア0からの出発　サバイ！サバイ！』（集英社）、『救え！　世界の子どもたち　難民・国境を越える』『同　飢餓と貧困』（共に日本図書センター）、『地雷　1億1000万個の悪魔』（草の根出版会）、『悲しきアンコール・ワット』（集英社新書）、『望郷　皇軍兵士いまだ帰還せず〈復刻版〉』（ミリオン出版）、『「希望の川」子供たちの詩』（ミリオン出版）など多数。

三里塚——成田闘争の記憶

2008年3月15日　第1刷発行

著　者＝三留理男

製版・印刷＝高柳　昇

発行所＝株式会社新泉社
東京都文京区本郷2-5-12
振替・00170-4-160936番　TEL（03）3815-1662　FAX（03）3815-1422
印刷・東京印書館　製本・榎本製本

ISBN978-4-7877-0800-7 C0036